Ivo Marinsek

Gehlen über das weltoffene Mängelwesen Mensch

GRIN Verlag

Bibliografische Information der Deutschen Nationalbibliothek:

Die Deutsche Bibliothek verzeichnet diese Publikation in der Deutschen National-
bibliografie; detaillierte bibliografische Daten sind im Internet über http://dnb.d-
nb.de/ abrufbar.

Impressum:

Copyright © 2004 GRIN Verlag GmbH
Druck und Bindung: Books on Demand GmbH, Norderstedt Germany
ISBN: 978-3-656-34152-9

Dieses Buch bei GRIN:

http://www.grin.com/de/e-book/206601/gehlen-ueber-das-weltoffene-maengelwe-
sen-mensch

GRIN - Your knowledge has value

Der GRIN Verlag publiziert seit 1998 wissenschaftliche Arbeiten von Studenten, Hochschullehrern und anderen Akademikern als eBook und gedrucktes Buch. Die Verlagswebsite www.grin.com ist die ideale Plattform zur Veröffentlichung von Hausarbeiten, Abschlussarbeiten, wissenschaftlichen Aufsätzen, Dissertationen und Fachbüchern.

Besuchen Sie uns im Internet:

http://www.grin.com/

http://www.facebook.com/grincom

http://www.twitter.com/grin_com

Gehlen über das weltoffene Mängelwesen Mensch:

1.) Was ist philosophische Anthropologie?

Diese Frage ist wichtig, weil Biologen und Geisteswissenschaftler sehr viele Zugänge zum Forschungsobjekt Mensch entwickelt haben. Jean Piaget machte die wissenschaftstheoretische Feststellung, dass die philosophische Anthropologie eine philosophische Psychologie im Gegensatz zur empirischen Psychologie ist. Natürlich befasst sich die Anthropologie mit dem ganzen Menschen, einem Mischwesen aus Körper, Geist und Seele. Aber die Psychologie beschränkt sich selten auf die reine Introspektion, denn die Verhaltensforschung sieht den Menschen als soziales und biologisches Wesen. Wenn Arnold Gehlen die Bedeutung des Handelns und der Lernprozesse für das menschliche Wesen betont, betätigt er sich psychologisch. Im Sinne seines evolutionistischen Forschungsansatzes ist eine Reduzierung des Geistes auf ihm zugrunde liegende Strukturen der Materie durchaus vorstellbar. Eine philosophische Deutung des Beobachtbaren abzulehnen, ist wahrscheinlich des Positivismus zu viel. Weniger klar ist das Problem, ob es wirklich eine Essenz der philosophischen Begriffe Geist, Wille etc. gibt. Gehlen fragte explizit nach dem Wesen des Menschen, so dass er der philosophischen Psychologie nicht ausweichen konnte. Der weltoffene Mensch ist von den Tieren seiner Umwelt einschließlich seiner äffischen Vorfahren prinzipiell verschieden. Gehlen versuchte möglichst viel empirisches Material zu verwenden und wollte den Menschen in seiner Eigenart verstehen, ohne ihn aus dem Zusammenhang der Natur herauszulösen. Die Grenze zwischen Metaphysik und Empirie kann sich durch neue Forschungsergebnisse verschieben. Die Sprache ist ein klarer Fall von doppelter Zuständigkeit, weil die empirische Grammatik die Sprachphilosophie nicht überflüssig gemacht hat. Die Grenze zwischen empirischer und philosophischer Psychologie ist eine Methodenfrage. Gehlen musste philosophieren, weil sein Forschungsziel als Selbstbegegnung und Selbstentdeckung des Menschen bezeichnet werden kann. Der reflektive Ansatz schließt eine Objektivität im Sinne eines radikalen Skeptizismus aus. Außerdem hat die Anthropologie durch ihr ganzheitliches Weltbild auch normative Implikationen. Auch Tierpsychologen, wie Konrad Lorenz, behandeln das beobachtete Subjekt als Lebewesen, so dass Gehlen keinen Grund hatte, sich schärfer von der Empirie abzugrenzen. Die Frage nach dem Wesen des Menschen ist eine Beschäftigung mit dem Ego der neuzeitlichen Philosophie, obwohl unser Handeln ohne weiteres experimentell erforscht werden kann.[1]

Gehlen selbst wollte, dass seine Leser über die historische und sonstige Bedingtheit von Anthropologie reflektieren. Er wusste, dass auch die dogmatische Theologie ein Menschenbild entwickelt hatte. Er sprach von einer Interessenverschiebung hin zum Menschen, die in der Moderne stattgefunden habe. Das bedeutet, dass der Zeitgeist des 20. Jahrhunderts kosmozentrischem und theologisch-fundamentalistischem Denken eher ungünstig war. Aus dem deutschen Idealismus Hegels folgt, dass die Vernunft von der Sinnlichkeit affiziert sein muss. Und den Sinnen des Menschen ist der Mensch wunderbar zugänglich. Die empirische Anthropologie entwickelt sich im Anschluss an die Zoologie. Denn der menschliche Körper hat dem tierischen nichts Sichtbares voraus. Wer den Menschen wie eine Gans beobachtet, kann ihn auch nach Rassen und kulturellen Gewohnheiten klassifizieren. Die physische Anthropologie hat sich durch den Erkenntnisfortschritt in mehrere empirische Disziplinen aufgespalten, von denen die Genetik ein besonders hohes Maß an intersubjektiver Nachvollziehbarkeit erreicht hat. Die Sozialanthropologie berücksichtigt die Tatsache, dass die Erbanlagen des Menschen vom gesellschaftlichen Milieu geformt werden, womit sie eine Brücke zu den Geisteswissenschaften schlägt. Wenn sich ein Mediziner

---

[1] Vergleiche: Jean Piaget, Erkenntnistheorie der Wissenschaften vom Menschen, Ullstein, Frankfurt am Main, 1972, S. 105 – 112.

mit der Bedeutung von Hygiene und Lebensweise für die Gesundheit befasst, so betätigt er sich als Anthropologe, der Gehlens These, dass der Mensch sich selbst formen soll, voraussetzt. Die Kulturanthropologie ist eine Art Völkerkunde und untersucht die phantasievollen Problemlösungen der Naturvölker. Diese Forschungsmethode ist auch auf hoch entwickelte Völker wie die Amerikaner oder die Deutschen anwendbar, denn Religion, Kriminalität, Tracht und Ähnliches ist bei diesen Völkern von großer Bedeutung.

Gehlen konstatiert, dass das Auseinanderfallen von Humanbiologie und Völkerkunde, das sich seit der Zeit Kants ereignet hat, im Milieu der Gelehrten großes Unbehagen zurückließ, weil ja der ganze Mensch erklärt werden sollte. Gehlen wollte, dass die Biologie und die Kultur in ein einziges Erklärungskonzept einbezogen werden. In weltanschaulicher Hinsicht waren die Theologen seine Vorgänger, welche den Menschen als Geschöpf Gottes auffassten. Descartes erklärte den Menschen dualistisch, indem er die Beseelung einer Maschine durch einen wesensverschiedenen Geist annahm. Dieser dualistische Gedanke war für die Philosophie sehr brauchbar und ermöglichte die Einteilung in Geistes- und Naturwissenschaften. Der unsterbliche Geist der Cartesianer ist ein Relikt aus dem theologischen Denken und das Maschinenparadigma eine Übertragung von Technischem auf die organische Natur. Heute noch ist das richtige biologische Verständnis eine große Schwierigkeit bei der anthropologischen Reflexion. Max Scheler war Gehlens Vorgänger, als er nach einem Wesensunterschied zwischen Mensch und Tier fragte. Es erscheint den wissenschaftsphilosophisch Gebildeten problematisch, dass das biologische Problem des Mensch-Seins Zoologen und Medizinern überlassen wurde. Scheler dachte, zwischen der Intelligenz von Mensch und Tier bestehe nur ein gradueller Unterschied, während der Geist einen prinzipiellen Unterschied ausmache. Ein Geistwesen kann sich vom ständigen Druck der Umwelt befreien. So ist es erst im 20. Jahrhundert ausführlich thematisiert worden, was der Unterschied zwischen Mensch und Tier in metaphysischer Hinsicht ist. Der Mensch kann sich selbst vergegenständlichen und zu allen Impulsen nein sagen. Dies führt dazu, dass das Leben als solches vom Geist negiert werden kann. Gehlen hat die Lehre von der Weltoffenheit von Max Scheler übernommen. Wichtig ist es, im Gedächtnis zu behalten, dass das menschliche Seelenleben mit seinem Hoffen und Bangen dem Tier nicht fremd ist, während nur der Geist etwas schlechthin Neues ist. Der Haken an Schelers Anthropologie ist, dass ein neuartiger Dualismus von Geist und Welt entsteht, wobei sich der Geist einem wissenschaftlichen Zugang entzieht.

Es ist ein guter Vorschlag Gehlens, jeden Dualismus zu vermeiden, weil sich die Fundamentaldiskussion über den Zusammenhang zwischen Körper, Geist und Seele als unfruchtbar erwiesen hat. Wenn der Mensch als ein Wesen verstanden wird, das handeln muss, um die Natur gemäß seiner Zwecke zu verändern, verursacht der Geistbegriff keine dualistische Metaphysik. Das Tier verbleibt im engen Kreis seiner Lebenswelt, welcher von den Instinkten vorgegeben ist, während der Mensch durch seine organische Defizite zu einer anderen Art der Wahrnehmung der Außenwelt gezwungen ist. Das die Natur verändernde Handeln ist eine biologische Notwendigkeit. Die menschliche Reproduktionsarbeit soll nicht dualistisch beschrieben werden, weil sie in Handlungskreisen abläuft, bei denen die Rückmeldung der Außenwelt eine große Rolle spielt. Die Sonderstellung des handelnden Menschen besteht demnach auch darin, dass er ein Lernwesen ist. Die Lernfähigkeit unserer Art ist eine Folge der unfertig geborenen Kinder, die nur wenige Bewegungen geerbt haben. Gehlen wollte ein neues Paradigma der philosophischen Anthropologie begründen, indem er biologisch erklärte, warum der Mensch ein Kulturwesen ist. [2]

Die Anthropologie hat nach Gehlen zwei Aufgaben: Einerseits sollen die Aussagen, die das Menschenbild ausmachen, verifizierbar, nicht dichterisch sein. Andererseits soll der Mensch als Leib und Seele verstanden werden.

---

[2] Arnold Gehlen, Anthropologische Forschung, Rowohlt, Reinbek bei Hamburg, 1961, S. 7 – 21.

Es wäre sehr einseitig, nur die Vernunft oder nur die Triebe für das Wesen des Menschen zu halten. Auch der Abstand zum Menschenaffen darf weder zu groß noch zu klein gedacht werden. Gehlen selbst war sich des Problems bewusst, dass der Begriff Überlegenheit unwissenschaftliche Werturteile ausdrücken kann. Der menschliche Körper bewahrt stammesgeschichtlich alte und individualgenetisch frühe Merkmale, was das psychologische Charakteristikum der Unspezialisiertheit des Menschen erklärt. Der Gedanke, der Mensch sei ein Mängelwesen, findet sich schon bei Herder. Der Mensch handelt wie der griechische Heros Prometheus, wenn er sich eine Kultursphäre schafft, die er für sein Wohlergehen braucht. Wer nicht instinktiv weiß, was für ihn wichtig ist, ist automatisch einer Reizüberflutung ausgesetzt. Die Sprache dient der Entlastung des Menschen von den rein momentanen Reizen. Wenn der Wilde den Baumstamm für ein potentielles Boot hält, reagiert er gleich untierisch wie wir in unserer Kultur. Der Mensch kann einerseits viel erreichen, andererseits schreckliche Fehler machen.

Der Aufklärungsoptimismus Kants, die Verzweiflung Schopenhauers angesichts der Dämonie des Weltenlaufs und Freuds Psychopathologie der Großstadt beweisen, dass jedes Bild vom Menschen zeitbedingt ist. Nach dem Zweiten Weltkrieg plädierte Gehlen für ein pluralistisches Bild vom Menschen, dessen Handeln von innen und von außen aus verstanden werden muss. Es war im Atomzeitalter klar, dass der Mensch kein Sklave seiner Triebe sein darf. Was der Mensch will, ist sicher kulturell bedingt. Die innere Eigenschaft der Weltoffenheit korreliert mit den äußeren Eigenschaften unserer Spezies. Durch die Zivilisation verzichtet der Mensch, wie Konrad Lorenz lehrte, auf einen unmittelbaren Umgang mit der Natur. Diese Selbstdomestikation zeigt, dass unsere Handlungsweisen nicht einfach genetisch festgelegt sind. Da unsere Triebe immer schon pervertiert werden konnten, da Drogen immer schon populär waren, gibt es keine Alternative zur gesellschaftlichen Kultur. Als Kulturdiagnostiker stellt Gehlen fest, dass die zivilisatorische Entlastung des Menschen vom anstrengenden Überlebenskampf mit seinen physischen Anstrengungen zu einer intellektuellen Überforderung geführt hat. Obwohl sich jede Kultur für natürlich, wenn nicht gar für die einzige naturrechtlich gerechte hält, ist an der These vom prinzipiell flexiblen Menschen festzuhalten. Aus dieser folgt aber gar keine ethische Wertung. [3]

Gehlens Technikphilosophie ergibt sich aus seiner Anthropologie, wobei die Handlungen des Kulturwesens Mensch eben durch die radikalste denkbare Umgestaltung der Natur (Ackerbau, Atombombe) eine neue Dimension erhalten haben.

Aus dem bis jetzt Diskutierten soll klar hervorgehen, was Gehlen unter philosophischer Anthropologie verstand: Eine metawissenschaftliche Reflexion, welche die Ergebnisse der empirischen Wissenschaften voraussetzt und unter Vermeidung von überflüssigem, metaphysischem Gezänk eine naturalistische Erklärung des Wesens und der Tätigkeit des Menschen liefert.

2.) Biographisches:

Arnold Gehlen wurde am 19. 01. 1904 in Leipzig geboren. Der neuzeitliche Atheismus und die noch lebendige Vergangenheit des Deutschen Idealismus waren der geistige Hintergrund seiner Philosophie. Sein Vater hieß Dr. Max Gehlen und war Verleger. Aus dem Namen seines Vaters kann man die Zugehörigkeit zum gehobenen Bildungsbürgertum ablesen. Die Familie war westfälischer Herkunft. Was den Bildungsgang betrifft, besuchte er das Thomas-Gymnasium in seiner Geburtsstadt, an welchem er 1923 die damalige Reifeprüfung ablegte. Neben dem Hochschulstudium widmete er sich der Erwerbsarbeit als Buchhändler und Bankbeamter. Studienorte waren Köln und Leipzig. 1927 folgte seine Promotion zum Dr. phil. Sein Doktorvater war der Biologe und Philosoph Hans Driesch. Anschließend nimmt er sich Zeit für ein einige Semester dauerndes naturwissenschaftliches Studium. Seit 1930 ist Gehlen Privatdozent, seit 1933 Assistent bei Hans

---

[3] a. a. O., S. 44 – 68.

Freyer am soziologischen Institut der Universität Leipzig. Biologie und Psychologie runden Philosophie und Soziologie ab.

Ab 1933 ist er Mitglied der NSDAP, in vieler Hinsicht, z. B. durch den Biologismus und den frühen Eintritt in die damalige Staatspartei, ist er ein echter Nationalsozialist. 1934 wird er ordentlicher Universitätsprofessor für Philosophie. Er ist Nachfolger seines Lehrers Driesch. Er vertrat auch den Emigranten Paul Tillich in Frankfurt.

1937 heiratet Gehlen Veronika Freiin von Wolf. Aus der Ehe stammt eine Tochter Caroline. 1938 erhielt er einen Ruf nach Königsberg. Ab 1940 lehrt er in Wien. Er vertritt Günther Ipsen, aber er gilt auch als Nachfolger von Robert Reininger. Dies ist ein Beispiel für braune Hochschulpolitik, denn Gehlen war ein Mitglied des NS-Dozentenbundes. Mehrfach wird er zur deutschen Wehrmacht einberufen, ab 1942 leistet er endgültig Heeresdienst. Zum Leutnant befördert, muss er an die Front, im Jänner 1945 erleidet er eine schwere Verwundung an der Oberschlesienfront.

In Österreich Ausländer, wird er dennoch korrespondierendes Mitglied der österreichischen Akademie der Wissenschaften. Politisch nicht neutral, sympathisiert er aus Überzeugung mit den freiheitlichen Österreichern. Seit 1946 ist er an der Hochschule für Verwaltungswissenschaften in Speyer tätig. Dort wird er schließlich ordentlicher Professor für Soziologie und Psychologie.[4]

1962 – 1969 unterrichtet er an der Technischen Universität Aachen. 1969 kommt es zu seiner Emeritierung. Am 30. Jänner 1976 stirbt Gehlen in Hamburg.[5]

Obwohl er früh zu publizieren begann, hat er in den ersten beiden Jahrzehnten der Bundesrepublik Deutschland am meisten gewirkt. Seine braune Vergangenheit bringt ihn leicht in Misskredit. Er war bereit, seine Standpunkte zu modifizieren. Trotzdem hielt er an seinem biologistischen Grundsatzprogramm fest. Vereinfachungen waren ihm fremd.

Gehlens Hauptwerk hatte folgenden Titel: „ Der Mensch, seine Natur und seine Stellung in der Welt“. Weitere Veröffentlichungen waren: Theorie der Willensfreiheit (1933), Sozialpsychologische Probleme in der industriellen Gesellschaft (1949), Urmensch und Spätkultur (1956) sowie Zeit-Bilder (1960). Das Hauptwerk wurde mehrfach verlegt, wobei sich Gehlen bemühte Rezensionen und Einwände zu diskutieren.

Kleinere Abhandlungen waren: Die Resultate Schopenhauers (1938), Zur Systematik der Anthropologie (1942), Vilfredo Pareto und seine neue Wissenschaft (1941), Industrielle Gesellschaft und Staat (1956), Soziologischer Kommentar zur modernen Malerei (1958) und Soziologische Aspekte des Eigentumsproblems in der industriellen Gesellschaft (1960);

3.) Gehlens Thesen (Weltoffenheit, Instinktreduktion, organische Mängel) im Buch „Der Mensch" von 1940:

Ein Zitat aus Gehlens späteren Publikationen wird zeigen, dass die These, dass der Mensch von Natur aus flexibel und wandelbar ist, in den Texten dieses Autors immer wiederkehrt: „ Ich denke weiter, der wesentliche Unterschied zwischen dem Bilde vom Menschen, das sich jetzt langsam aus der geduldigen Arbeit vieler herausentwickelt, und jenen großen Entwürfen, die ich nannte, besteht darin, dass wir nicht mehr das jeweils hypertroph Gewordene und Überfütterte am Menschen, den Geist oder die Triebe, für den Menschen erklären. Dass wir einen Sinn be-

---

[4] a. a. O., S. 144.

[5] Als weitere Quelle diente mir eine Internet-Sammlung von Biographien bedeutender Soziologen. Siehe die Adresse: http://www.kfunigraz.ac.at/soz.www/ag sol/lexikon/klassiker/gehlen/16 bio.htm

kommen haben für das Pluralistische im Menschen, ja für das der Möglichkeit nach Anarchische. "[6]
Was sein Menschenbild betrifft, wusste er, dass eine Weltanschauung gleich gut funktioniert, wenn der Mensch als Gottes Sklave gedeutet wird. Sein Handlungsappell bestand darin, dass er die Überlegenheit des Menschen über seine Mitgeschöpfe nicht metaphysisch, sondern biologisch begründen wollte. Wahr ist, dass der Mensch ein Teil der Natur ist. Was der Mensch aber tun soll, ist bekanntlich aus der Philosophie der Biologie nicht problemlos ableitbar. Die metaphysische Wesensbestimmung führt zu Handlungsanweisungen, weil die Ethik anthropologische Tatsachen berücksichtigen sollte. Diesen Zusammenhang sieht man am folgenden Zitat: *„ Man sollte versuchen, gerade diese Umstände zur Bestimmung des Wesens des Menschen heranzuziehen; das würde bedeuten: es gibt ein lebendiges Wesen, zu dessen wichtigsten Eigenschaften es gehört, zu sich selbst Stellung nehmen zu müssen, wozu eben ein „Bild", eine Deutungsformel notwendig ist. Zu sich selbst heißt zu den eigenen wahrgenommenen Antrieben und Eigenschaften – aber auch zu seinesgleichen, zu anderen Menschen, denn auch deren Behandlung wird davon abhängen, für was man sie hält, und für was man sich hält. "* (Der Mensch, 1940)[7]
Der Mensch ist von Natur aus ein Mängelwesen: In seinem 1940 erschienenen Hauptwerk „Der Mensch, seine Natur und seine Stellung in der Welt" ist es die Kernthese, dass der Mensch im Gegensatz zum Tier flexibel und lernfähig ist. Negativ gesehen, bedeutet das, dass der Mensch seine Instinkte verloren hat. Unser Körper ist gar keiner Umwelt angepasst. Der Schimpanse kann besser klettern und der Delphin besser schwimmen. Der Eisbär ist viel besser an das Polarklima angepasst als der Eskimo. Viele Tiere können sofort nach der Geburt laufen. Diese simplen zoologischen Beispiele zeigen auf, was Gehlen mit der These gemeint hat, der Mensch sei von Natur aus ein Mängelwesen.
Als konservativer Anthropologe stellt er sich gegen das Wunschdenken. Ob er zum Fatalismus aufruft, ist Interpretationssache. Er betont, dass die Anpassungsfähigkeit des Menschen positive und negative Folgen haben kann. Die vom Menschen geschaffene Umwelt des Technologiezeitalters hat ebenso positive und negative Aspekte.
In der Einleitung zu seinem Hauptwerk führt Gehlen aus, dass sich der Mensch zu etwas machen muss, weil seine Probleme noch nicht gelöst sind. Das Selbstverständnis eines menschlichen Wesens steht in Wechselwirkung mit seinen Handlungen. Die Anthropologie soll auf alle Fragen nach der Natur des Menschen eine Antwort geben, weshalb die Methoden der reinen Philosophie auch angewendet werden dürfen. Gehlen wollte, dass seine Schriften sowohl philosophisch als auch wissenschaftlich sind, wobei er leicht nachvollziehbare Erfahrung und ein bisschen Metaphysik erstrebte. Was typisch menschlich ist, ist nicht leicht wissenschaftlich verbalisierbar. Der Mensch ist aber sicher ein biologisches Sonderproblem. Wenn man die Bedingungen der Existenz eines vernunftbegabten Affen nicht kennt, ist man als Humanbiologe gescheitert. Existenz bedeutet selbstverständlich mehr als Überleben. Es ist das schlechthin Neue an der Menschwerdung gewesen, dass der Urmensch sein Geschick in die Hand nahm, um es bewusst zu gestalten. Gehlen erklärt diesen Neuanfang durch die Tatsache der extremen Schutzlosigkeit des nackten Affen. Mängelwesen war vergleichend gemeint, weil die Tiere hoch spezialisiert sind. Nietzsche nannte die Menschen unfertige Tiere und war somit in mancher Hinsicht ein Vorläufer Gehlens. Geist ist ein rätselhafter Begriff, da wir uns geistloses Leben sehr gut vorstellen können. Der Instinkt eines niedrigen Tiers ist von unserem Seelenleben nicht nur graduell verschieden. Der Mensch verlangt uns durch seine Handlungsfähigkeit einen besonderen wissenschaftlichen Zugang ab. Die tierische Reaktion auf Reize ist sicher nicht gleich frei wie unser geplantes Tun.

---

[6] Arnold Gehlen, Anthropologische Forschung, Rowohlt, Reinbek bei Hamburg, 1961, S. 55/56.
[7] Arnold Gehlen, Der Mensch, Athenäum, Frankfurt am Main, 1962, S.9.

Wer ein Problem bewältigt, ist aktiv und produktiv. Wir wissen bei der Geburt nichts, so dass wir viele Erfahrungen machen und viele Bewegungsabläufe lernen müssen. Der Mensch wird erst durch seine hohe Intelligenz wirklich lebensfähig. Überhaupt darf die Tatsache der Innerlichkeit bei der Reflexion über den Menschen nicht übersehen werden. Die Anthropologie ist den empirisch klassifizierenden Wissenschaften logisch vorgeordnet, weil sie eine Ganzheit erfasst. Die Rassenbiologie ist sekundär, denn das Wesen des Menschen liegt laut Gehlen nicht in der Schädelform, sondern im Geist.

Wer den Unterschied zwischen Mensch und Tier verwischt, ist ein schlechter Biologe. Tiere sind deshalb lernunfähig, weil sie auf bestimmte Wahrnehmungen spezialisiert sind. Wenn ein Mensch an einen Lebensraum (zum Beispiel die Wüste Sahara) angepasst ist, so hat er dieses typische Verhalten erlernt. Das Tier funktioniert, während das Überleben des nackten, schwachen Menschen nur durch dessen Intelligenz erklärt werden kann.[8]

Wenn es einen Geist im Sinne Schelers gibt (siehe oben), können geistige Wesen nicht an ihre Umwelt gebunden sein. Gehlen postuliert das Handeln als das strukturelle Sondergesetz des Menschen, weil ihm ein bloß gradueller Unterschied zum Tier nicht ins System passte. Der Mensch handelt situationsüberlegen und wird in seinem Lernen nur selten durch die Umwelt eingeschränkt. Das Tier ist neugierig, ohne zu erkennen. Der Mensch abstrahiert sogar in der Begierde durch das Symbol von der Umwelt.[9]

Handeln ist in der philosophischen Literatur als die Veränderung eines Sachverhalts durch die Bewegungen des menschlichen Leibes definiert. Handeln muss aktiv sein, während Erkenntnis auf bloßen Wahrnehmungen aufbaut.[10]

Die menschliche Handlung ist laut Gehlen eine Stellungnahme, zu welcher auch Planung und Selbstzucht gehören. So wie das Reh ein Fluchttier ist, verwirklicht der Mensch seine Bestimmung als Handlungswesen. Der Mensch ist von Natur aus wegen der Weltoffenheit einer Reizüberflutung ausgesetzt, was eine große Belastung ist. Deshalb werden unsere bewussten Wahrnehmungen meistens begrifflich gedeutet. Die organische Minderwertigkeit des Menschen war schon Kant und Thomas von Aquin aufgefallen. Der mittelalterliche Scholastiker schrieb folgendes: „ *Die geistige Seele ist die vollkommenste Seele. Wenn nun aber die Körper der anderen Sinnenwesen (d. h. der Tiere) einen natürlich mitgegebenen Schutz, Haare statt der Kleidung und Hufe statt der Schuhe, wie auch von Natur ihre eigenen Waffen besitzen, wie Krallen, Zähne und Gehörn: dann scheint es doch, die geistige Seele hätte nicht mit einem so unvollkommenen Leibe vereinigt werden dürfen, dem solcherart Hilfen ermangeln.* " Gehlen konnte sich auf eine lange Tradition berufen, als er lehrte, der Mensch handle nicht instinktiv, sondern erkenne das Allgemeine.[11]

Die Bewältigung des Mangels ist ein produktiver Akt. Auf der Basis der mit derartigen Akten verbundenen Umweltveränderung beruhen alle Künste des Homo Sapiens. Der unangepasste Mensch ist zum Erfahrungserwerb genötigt, wobei auch die Bewegungsabläufe das Resultat eines Lernprozesses sind. Das Baby ist eine Frühgeburt oder ein sekundärer Nesthocker, welcher schon im ersten Lebensjahr durch die jeweilige Umwelt geprägt wird. Wenn das Kind nicht so viel Symbolisches und Motorisches lernen müsste, würde der Mensch zu einem statischen Wesen degradieren. Das weltoffene Verhalten der Reifeform des Menschen setzt eine lange Kindheit

---

[8] a. a. O., S. 9 – 20.
[9] a. a. O., S. 20 – 31.
[10] Helmut Seiffert, Einführung in die Wissenschaftstheorie 3, Beck, München, 2001, S. 15.
[11] Siehe: Arnold Gehlen, Der Mensch, Athenäum, Frankfurt am Main, 1962, S. 35.

voraus, in der das Lernen erlernt wird. Das Sozialverhalten einer Art erleichtert also das Verständnis der Physiologie.[12]
Symbolische Leistungen sind schon vor der Entwicklung der Sprache im tierischen Verhalten nachweisbar. Philosophisch gesehen, ist das Universalienproblem die Kernfrage der Sprachphilosophie. Die Kommunikation ist ein theoretisches Verhalten, weil eine Mitteilung als Information Erkenntnis ist. Die Sprache ist der Höhepunkt der Entlastung des Geistes vom Hier und Jetzt. Ein Sachbezug des sprachlichen Ausdrucks wird meistens intendiert, aber man kann sich auch auf weit Entferntes beziehen. Da die Lautäußerung eine zurück empfundene Bewegung ist, tragen Kehlkopf und Ohr zur Ausprägung der weltoffenen Geistigkeit bei. Das Tier lebt im Jetzt, während der Mensch durch seine Pläne die Zukunft vorwegnimmt. Die Bedürfnisse müssen dem Menschen bewusst sein, wodurch sie zu Interessen werden. Es öffnet sich ein Hiatus zwischen dem Antrieb und der Handlung, weil die Befriedigung des ersteren verschiebbar sein muss, um eine zweckrationale Planung der Aktivitäten zu gewährleisten. Auf zurückgestellten Impulsen können dauerhafte Interessen beruhen.[13]
Wenn ein Mensch seine animalischen Triebe befriedigt hat, bleibt ihm viel überschüssige Energie. Diese Tatsache nennt Gehlen den Antriebsüberschuss des Menschen. Das heißt, dass unsere Triebunbefriedigung immer größer sein kann als unsere Befriedigung. Kurzum der weltoffene Mensch hat die ganze Erde als Objekt der Begierde. Wenn das Verhalten des Menschen sexualisiert wird, wird auch die Sexualität sozialisiert. Der objektive Ausdruck unserer Selbstzucht sind die Institutionen, deren Zerfall zügellose Ausschweifungen ermöglicht.
Wenn wir eine Kaffeetasse betrachten, übersehen wir ziemlich viele Details der empirisch gegebenen Mannigfaltigkeit. Die Überflutung durch Reizeindrücke wird nämlich durch die symbolische Wahrnehmung gefiltert. Diese Entlastung vom Unüberschaubaren erklärt, warum der Schwerpunkt des Verhaltens im Geistigen liegt. Gewohnheiten machen den Geist für höhere Leistungen frei. Kulturleistungen sind nur möglich, wenn man nicht immer mit der Nahrungsbeschaffung beschäftigt ist. Das Bewusstsein hängt mit den Bedürfnissen der Selbsterhaltung zusammen, insofern es die Wahrnehmung als Basis hat. Aus der Lernfähigkeit eines weltoffenen Wesens folgt seine Handlungsfreiheit, so dass der Mensch nicht determiniert sein kann. Nietzsche dachte, das Bewusstsein könne ein bloßes Mittel für etwas anderes sein. Es ist argumentiert worden, das Unbewusste sei irgendwie vollkommener als das Bewusste. Eine biologistische Philosophie kann das Leben im Anschluss an diesen Gedanken für den höchsten Wert halten und dem Denken eine rein instrumentelle Rolle zuschreiben, obwohl uns die Zweckmäßigkeit des Organischen verborgen bleibt.[14]
Die Säugetiere erscheinen Gehlen als Sackgasse, weil sie die Fähigkeit verloren haben, sich neuen Umständen anzupassen. Herder war ein Vorläufer der Willensmetaphysik Schopenhauers, der den blinden Instinkt des angepassten Tiers hervorragend erklären konnte. Die Zecke „funktioniert" blind und taub. Die Formen der Nase oder der Augen weisen auf die Lebensweise hin: Tiere sind auf bestimmte Wahrnehmungen spezialisiert und können nicht beliebig dressiert werden. Der Pavian hat deshalb eine ausgeprägtere Nase als der Schimpanse, weil sein Lebensraum am Boden ist und nicht auf den Bäumen. Beim Menschen ist das spezialisierte Verhalten erlernt, wobei uns vertraute Tätigkeiten automatisch gelingen. Der Mensch hat keine Umwelt, sondern ein Milieu, denn er schafft seine Kultursphäre selbst. Der gut definierte Umweltbegriff ist auf unsere Art nicht einmal anwendbar. Plötzlicher Kulturwandel beweist, dass der Mensch kein statisches Wesen ist, sondern von Natur aus dazu tendiert, sich den Umständen anzupassen. Herder

---

[12] a. a. O., S. 31 – 46.
[13] a. a. O., S. 46 – 56.
[14] a. a. O., S. 57 – 73.

wusste, dass das Kind nackt und schwach ist, während das Tier eine ihm angemessene Arbeit perfekt verrichtet. Handlungsfreiheit und Vernunft machen den Nachteil, den wir durch den Instinktverlust haben, leicht wett. Herder beschrieb das Mängelwesen Mensch folgendermaßen: „ *Seine Sinne und Organisation sind nicht auf Eins geschärft: er hat Sinne für Alles und natürlich also für jedes Einzelne schwächere und stumpfere Sinne. Seine Seelenkräfte sind über die Welt verbreitet; keine Richtung seiner Vorstellungen auf ein Eins: mithin kein Kunsttrieb, keine Kunstfertigkeit.* "[15]

In der Einführung zu seinem anthropologischen Hauptwerk, welche ich eben besprochen habe, ist es Gehlen gelungen, seine These zu beweisen, dass der Mensch im Vergleich zum Tier ein Mängelwesen ist. Es ist wissenschaftstheoretisch eine Tugend, unsere Erkenntnismöglichkeiten einfach durch die evolutionäre Notwendigkeit zu begründen. Im ersten Teil des Buchs, welcher auf die Einleitung folgt, geht es um die morphologische Seite der Sonderstellung des Menschen.

Das körperlich Typische und Eigenartige des Menschen:
Ein Zitat wird verdeutlichen, wie Gehlen den menschlichen Körper interpretiert. Man muss von Interpretation sprechen, weil das tatsächliche Aussehen unumstritten ist: „*Die nächste uns obliegende Aufgabe ist nun, die Sonderstellung des Menschen in morphologischer Hinsicht, also in der Betrachtung „von außen" nachzuweisen. Diese Besonderheit besteht, wie schon angedeutet, in einem Mangel an hochspezialisierten, d. h. umweltspezifisch angepassten Organen, und diese wären die von außen sichtbaren Bedingungen eines handelnden und weltoffenen, also auf sich selbst gestellten Wesens.* "[16]

Die menschlichen Organe werden primitiv genannt, weil sie unspezialisiert sind. Es handelt sich um Rückentwicklungen hin zu den embryonalen Organen. Schimpansenjunge sind dem Menschen körperlich (Haarlosigkeit) und geistig ähnlicher als ausgewachsene Exemplare derselben Art, was die Theorie von der Rückbildung der spezialisierten Säugetierorgane beweist. Tiere sind als Junge überhaupt viel gelehriger. Zwischen Mensch und Tier gibt es kein Zwischenglied, weil dieses entgegengesetzte Eigenschaften haben würde. Darwin hatte schon 1859 gelehrt, dass die Eigenschaften eines Embryos für die natürliche Klassifikation der Tierarten ebenso wichtig sind wie die Merkmale eines erwachsenen Exemplars. Die Ähnlichkeit zum Affen bleibt bestehen, obwohl wir mit unseren Zehen nicht klettern können. Die Organprimitivismen beweisen sowohl die Sonderstellung des Menschen als auch dessen Verwandtschaft mit dem Affen.[17]

Gehlen dachte, dass alle Eigenschaften des Schädels zum großen Gehirn zusammenwirken. Dass die Zurückbildung der Affenschnauze und der tierischen Eckzähne auch zur Natur des Menschen gehört, steht aber nicht von vornherein fest. Erfolgt die Schnauzenbildung wirklich auf Kosten des Hirnteils? Jedes Säugetier ist eine Spezialisierungssackgasse. Die menschliche Hand trägt zur Weltoffenheit bei, während die Beine wenigstens zur raschen Wanderungen eingestellt sind. Als typisch menschliche Eigenschaften listet Gehlen die rapide Entwicklung des Vorhirns und die Werkzeughand, aber auch die große Zehe auf. Der vierhändige Baumbewohner Affe ist im Gegensatz zum flexiblen und mobilen Menschen gleich an eine bestimmte Umwelt gebunden wie wesentlich primitivere Säugetiere. Für ein dummes Tier sind eher die Kletterkünste des Affen erstrebenswert. Unser Fuß ist ziemlich primitiv, so dass das Pferd wesentlich besser laufen kann. Anders als die Maus haben wir sehr wenige Nachfahren, so dass sich die Lehre, der Mensch sei ein Mängelwesen, als trivial wahr herausstellt. Der Anatom L. Bolk gab Gehlen einen Denkanstoß, als er lehrte, dass sich der Mensch aufrichtete, weil seine Form menschlicher wurde. Obwohl der Mensch eine Ganzheit ist, kann zwischen primären und konsekutiven Merkmalen unter-

---

[15] a. a. O., S. 73 – 85. Das Zitat befindet sich auf den Seiten 83 und 84.
[16] a. a. O., S. 86.
[17] Charles Darwin, Die Entstehung der Arten, Reclam, Stuttgart, 2001, S. 581 – 583.

schieden werden. Als primär gelten in erster Linie die Form von Kopf und Gliedmaßen. Untierisch ist die Verlängerung der Kindheitsphase bei schnellem Wachstum in der Pubertät. Die langsame Entwicklung ist durch die handelnde Natur der Spezies bedingt. Das Prinzip der Retardation erklärt alles typisch Menschliche, wobei das Gehirn eine Spezialisierung überflüssig macht. Zur Erklärung der untierischen Verweichlichung spricht man von einer Selbstdomestikation, welche schon beim Höhlenbewohner eingesetzt hat. Ein trauriges Problem der Gedanken Bolks ist, dass er einen radikalen Rassismus vertrat, indem er von einem fötalen Erscheinungstyp der mongolischen Rasse sprach. Es muss von einem objektiven Forscher eingewandt werden, dass alle Rassen auf dem Weg zur Menschwerdung gleich fortgeschritten sind. Dass Neger schneller altern, könnte auf klimatische oder soziale Faktoren zurückzuführen sein. Es wäre ein sinnloser Gedanke, dass Haare auf der Brust äffisch sind![18]

Bei der Menschwerdung muss es günstige Umweltbedingungen gegeben haben. Die einfachen Faustkeile und andere behauene Steine sind schon Kultur, nicht mehr Natur. Wenn sich die Weltoffenheit eines Wesens nicht im Drang zur Naturbeherrschung durch instrumentelle Technik ausdrückt, ist die Entwicklung zum Menschen hin noch nicht abgeschlossen. Sprache und Denken müssen auch Vorteile im Überlebenskampf gewesen sein. Was das Verhältnis zum Affen betrifft, erwähnt Gehlen mehrere Abstammungstheorien. Die gängige Lehrmeinung ist ein gemeinsamer Vorfahr von Menschen und Menschenaffen, aber auch die Abstammung von einem relativ unspezialisierten Anthropoiden (welche Spezies?) lässt sich durch eine Zusatzhypothese begründen. Der Pithecanthropus hatte weniger organische Mängel als der heutige Mensch.[19]

Über Geist und Charakter:

Der dritte Teil Gehlens gelehrter Studie ist vor dem zweiten zu besprechen, weil er sich allgemeiner mit dem Geist und dem Wesen des Menschen beschäftigt, während der zweite Teil die empirischen Phänomene der Wahrnehmung, Bewegung und Sprache behandelt. Vor einer Überbetonung der Trieblehre warnt Gehlen ausdrücklich: es gibt sicher keinen Jagdtrieb. Der Hunger allein kann mich zur Arbeit antreiben, obwohl ein handelndes Wesen bestimmte Anlagen braucht. Nur wenige Grundbedürfnisse kommen in jeder Umwelt zur Geltung. Beispielsweise treten die Sexualität und der Geltungsdrang unter den unterschiedlichsten Umständen als Antriebe auf. Da wir nicht zu einer Handlung determiniert sind, kann die Handlung selbst das Bedürfnis erzeugen. Zwischen den Trieben und ihrer Befriedigung besteht ein Hiatus (das ist eine unüberbrückbare Kluft.). In diesem Zusammenhang muss auch die Rolle der Instinkte besprochen werden, denn, wenn die von Gehlen verworfene Trieblehre wahr wäre, würden wir in großem Ausmaß instinktiv handeln. Darwin hatte den Begriff Instinkt durch ein Beispiel erklärt: Der Kuckuck legt seine Eier ohne Nachdenken in fremde Nester. Eine instinktive Handlung wird also von Tieren ohne Erfahrung verrichtet, während ein Mensch in derselben Situation über Gelerntes nachdenken würde. Menschliches Verhalten darf nur dann als sicher instinktiv gelten, wenn es unmöglich durch Gewohnheit erworben sein kann.[20]

Gehlen argumentiert, dass der Mensch auch an zukünftige Bedürfnisse denken muss, um zu überleben. Durch diesen Gedanken ergibt sich ein Übergang von der Beschreibung der Organminderwertigkeit zur Geistproblematik.

Was sind nun die Antriebsgesetze? Was kausal zur Handlung gehört, erfolgt willkürlich. Doch kann man arbeiten, ohne zu denken. Der Trieb kann nicht determinieren, wenn die Umwelt variiert.

---

[18] Arnold Gehlen, Der Mensch, Athenäum, Frankfurt am Main, 1962, S. 86 – 123.
[19] a. a. O. S. 123 – 130.
[20] Charles Darwin, Die Entstehung der Arten, Reclam, Stuttgart, 2001, S. 337 ff.

Die Anthropologie beschäftigt sich auch mit der Kultur und stellt fest, dass viele Handlungen indirekt motiviert sind. Da die Bedürfnisse gehemmt werden können, besteht ein Hiatus zwischen ihnen und ihrer Erfüllung. Wenn wir die Bedürfnisbefriedigung gar nicht aufschieben können, ist unsere Handlungsfreiheit eine Illusion. Aus dieser Aufschiebbarkeit folgt, dass die menschlichen Antriebe formbar sind, so dass es auch selbst gemachte Bedürfnisse gibt. Die uns bewusst gewordenen Antriebe werden schnell zu natürlichen oder kulturellen Bedürfnissen sowie zu subjektiven Interessen. Ohne die Selbsttätigkeit versteht man die Menschennatur nicht, weil wir nicht instinktiv handeln, sondern unsere Ziele selbst setzen. Es gehört zu unserer Natur als Handlungswesen, dass die Bewegungen der Gliedmaßen und Wahrnehmungsorgane willkürlich sind und manchmal in einem „Handlungskreis" koordiniert werden. Es ist nützlich, dass das Auge der Hand als Führungsinstanz übergeordnet ist. Durch die organische Minderwertigkeit zum Handeln gezwungen, nimmt der Mensch Stellung, indem er seine vitalen und beliebigen Interessen erkennt.[21]

Unsere Triebe sind Interessen, die einer bestimmten Situation entsprechen. Da uns das Innere bewusst ist, sind alle typisch menschlichen Bedürfnisse Interessen im Sinne des vorigen Satzes. Wir können uns entscheiden, auf welches Objekt wir unsere Triebenergie richten wollen. Hätten wir diese Entscheidungsmöglichkeit nicht, könnten viele Gewohnheiten genau so gut Instinkte heißen (siehe oben). Die Weltoffenheit führt dazu, dass die Bedürfnisse so variabel sind, dass sie durch die eigenen Handlungen des Menschen beeinflusst werden. Das Denken ist eine Entlastungsleistung, die von der sinnlichen Reizüberflutung wegführt. Das Denken ist als Vorstellen handlungsbezogen. Wenn ich über meine Wünsche spreche, deute ich meine Triebe und das „welthafte" Innenleben eigne ich mir wie die Außenwelt an. Nietzsche sagt dazu, der Charakter werde über das Triebleben ausgegossen. Das Tier wird von den Moralisten gelobt, weil sein Trieb selten entartet! Neben der Sexualität sind der Geltungsdrang und das Kontaktbedürfnis kulturell variable Antriebe. Typisch weltoffen ist das allgemein menschliche Kontaktbedürfnis. Wenn wir impulsiv handeln müssten, gäbe es kein lebhaftes Seelenleben mit Hoffen und Bangen. Das Tier bleibt triebhaft, weil es in der Gegenwart lebt. Der Mensch ist ohne Dauerinteressen primitiv. Befriedigung setzt das Dauerinteresse voraus, mit welchem der Mensch das bloß impulsive Triebleben überwindet. Wenn der Mensch nur reagiert, wenn ihm die Dimension der Selbstverwirklichung fehlt, wird er nicht wirklich glücklich. Die Plastizität der Antriebe ist eine biologische Notwendigkeit, weil es Daueraufgaben gibt, deren Lösung entweder angeborene oder erlernte Anpassung erfordert. Durch die Sprachfähigkeit werden die Antriebe kombinier- und austauschbar. Fleiß kann sehr verschieden motiviert sein. Die Plastizität der Antriebe macht ihre Störbarkeit durch schlechte Einflüsse unvermeidbar, so dass eine Tierart gleich gut gedeihen kann wie der dumme Mensch. Das Antriebsleben ist eine Funktionsweise eines biologischen Organismus und sollte im Zusammenhang der Ganzheit des Lebewesens betrachtet werden.[22]

Der Mensch hat so viele Triebe, dass der Gedanke der Arterhaltung manchmal nebensächlich wird. Der Trieb führt zu keinem einheitlichen Verhalten, obwohl er angeboren und chronisch ist. Wenn die Antriebe nicht überschüssig wären, würde das Aufschieben der Bedürfnisbefriedigung schlechter funktionieren. Diesen Sachverhalt formuliert Gehlen so: Der Mensch ist ein Zuchtwesen! Er muss sich nicht nur formen, sondern auch kontrollieren, indem er sein Inneres und sein Äußeres durch die Sittlichkeit formt. Auf mein Aussehen kann ich gezielt einwirken. Die Zucht ermöglicht der Vernunft die Kontrolle über die Triebe. Unsere vernünftige Übereinkunft über das zu Tuende oder zu Unterlassende macht die Instinktreduktion wett. Das Gesetz der Zucht war vielen Ethikern intuitiv klar, weil ein Individuum viele unmoralische Antriebe haben kann, die es

---

[21] Arnold Gehlen, Der Mensch, Athenäum, Frankfurt am Main, 1962, S. 327 – 338.
[22] a. a. O., S. 338 – 356.

nicht ausleben darf. Ohne die gerichtete Energie der überschüssigen von der Zucht bezwungenen Triebe kann dem Menschen seine Arbeit nicht gelingen.

Der Wille wird zum Problem, weil das Wollen im anthropologischen System Gehlens eine Führungsleistung ist. Ein isoliertes Willensvermögen nahm Gehlen nicht an. Selbstverständlich ist, dass der Verstand die Begierden zügelt. Bei Gehlen ist der Wille demnach eine Folge der überschüssigen Triebenergie oder in seinen eigenen Worten das Urphänomen Mensch selbst. Nach Aristoteles „handeln" Tiere nicht, ihre Tätigkeiten sind nicht geplant und nicht schöpferisch. Deshalb ist die Definition des Menschen als Handlungswesen ja biologisch korrekt, wobei Willenswesen mitgemeint ist. Meines Erachtens begründet die Weltoffenheit die Willensfreiheit.

Der Charakter beruht darauf, dass der Mensch seine Antriebe so oder so ausleben kann. Der Charakter ist ein System von weltbezogenen Trieben, Interessen und Bedürfnissen. Er wird im Laufe der Persönlichkeitsentwicklung geformt. Wenn die bewussten Triebe fehlgeleitet werden, sprechen wir von einem Charakterfehler. Wir tendieren dazu, einen Menschen für seinen Charakter verantwortlich zu machen. Das Willensleben begleitet die realen Handlungen als eine Abwechslung von Entspannung und Anstrengung, wobei das Subjekt immer vor einer Aufgabe steht. Eine Veränderung der Kultur beeinflusst die Belastung des menschlichen Organismus. Ein aus der Führung entlassenes Antriebsleben entartet.

Die Untersuchung, wie Charaktereigenschaften vererbt werden, war nicht das wissenschaftliche Anliegen Gehlens. Er dachte zu Recht, dass das Anlage-Umweltproblem überschätzt wird, weil das menschliche Selbst von Natur aus die Aufgabe hat, seine Umwelt zu gestalten. Da er auch die Geschichte der Anthropologie referierte, erwähnte er in diesem Zusammenhang, dass in der homerischen Odyssee von der Erblichkeit des Seelischen die Rede ist. Ein Beispiel für erbliche Charaktereigenschaften ist das phlegmatische Temperament, welches zu den Problemen der empirischen Psychologie zählt. Die gesellschaftliche Zucht steht tendenziell im Gegensatz zur individuellen. Gehlens argumentatives System begründet sowohl den Individualismus als auch den Kollektivismus. Trotzdem soll seine Anthropologie Strukturgesetze liefern, die auch für die Soziologie relevant sind.[23]

Der handelnde Mensch ist sowohl Gegenstand der Biologie als auch Gegenstand der Geisteswissenschaften. Gehlen analysiert, dass ein gesellschaftliches Phänomen wie Religion auf anthropologischen Antrieben wie Phantasie und Ehrfurcht beruht. Ich nenne solche Antriebe anthropologische Konstanten. Der Mensch wünscht sich eine instinktive Sicherheit angesichts der unendlichen Möglichkeiten des Intellekts. Der objektive Geist äußert sich als Gesellschaft und wird zu einer Umwelt für sich, in der sich der Mensch nicht mehr mangelhaft fühlt. Aus der Vielzahl der empirisch gegebenen Führungssysteme (Gesetz der Zucht) ergibt sich für die praktische Philosophie das Relativismusproblem. Der Anthropologe muss die eigene Meinung transzendieren, weil jede Kultur eine Reaktion auf bestimmte Probleme ist. Auch uralte Einrichtungen sind das Recht sind nur durch zweckrationales Handeln erklärbar. Die Totemisten empfanden große Naturverbundenheit, weil sie vom Tier lebten. Das Bedürfnis nach Gruppenidentität wird heute anders befriedigt. Für den erfolgreichen Ackerbau muss man viele impulsive Antriebe wie Müdigkeit unterdrücken.

Die Weltoffenheit ermöglicht, dass unser Denken der Welt angemessen ist. Die instrumentelle Vernunft ist z. B. der anorganischen Natur angemessen. Es geht der Anthropologie sowohl um die subjektive oder primäre als auch um die objektive oder sekundäre Zweckmäßigkeit. Gehlen gebrauchte das Wort Biologie in einer Bedeutung, die etwas weiter ist als die landläufige. Es handelt sich neben den rein biologischen Fragen des Körperbaus um psychologische Probleme, die von der Tierpsychologie bis zur Sozialpsychologie reichen. Es gibt sicher eine Rückwirkung

---

[23] a. a. O., S. 356 – 381.

von Seele und Geist auf den Körper. Die biologisch mangelhafte Ausstattung des Menschen ist ein Faktor, welcher bei der Erklärung unserer geistigen Möglichkeiten herangezogen werden darf. Die Phantasie erbringt die Leistung, den Menschen glücklich zu machen, wobei sie Institutionen wie die Religion entwirft. Es ist natürlich, dass sich der Mensch auf Erden einsam und hilflos fühlt, ja nicht sterben will, weil sein Leben zu kurz ist. Die Institutionen und Leitideen der Gesellschaft beruhen auf der Natur des Menschen und tragen zur Daseinsbewältigung bei. Gehlens Kulturanthropologie übernimmt auch die Funktion der Geschichtsphilosophie, indem sie die Objektivierungen des Geistes aus der menschlichen Natur heraus erklärt. Kultur wird zu einem instrumentellen Apparat, der allen Tieren fehlt. Was die Kultur betrifft, ist eine teleologische Interpretation nicht absurd. Wie gesagt, kann der Endzweck einer Gesellschaft dem Einzelnen verborgen bleiben. Schon die totemistischen Rituale der Primitiven sind Normsetzungen, die viele Handlungsmöglichkeiten ausschließen. Jeder kulturelle Fortschritt drückt sich in einer neuen Form der charakterlichen Selbstzucht aus.[24]

Nun ist es zu zeigen, dass Gehlens Auffassung der sozialpsychologischen Probleme des 20. Jahrhunderts biologistisch ist. Die Technik sah der deutsche Anthropologe als eine Folge der lächerlich schwachen Organe unserer Spezies. Der Mensch war immer schon Techniker, denn die Knochenfunde könnten von zweibeinigen Affen stammen, wenn sie nicht von Werkzeugen begleitet gewesen wären. Die Feuersteinwaffen waren ein zweischneidiges Schwert, weil sie ähnlich wie die Atomenergie zur Selbstzerstörung herangezogen werden konnten. Scheler, Sombart und andere haben diese Herleitung der Technik aus der Waffenlosigkeit des instinktiv verunsicherten Menschen vertreten. Einige Werkzeuge und Maschinen ersetzen Organe, welche der Mensch nicht hat. Andere verstärken bloß die Funktionen unseres Körpers. Schließlich ist es denkbar, dass die technische Innovation als eine Entlastung des immer überanstrengten Organismus gedacht war. Das Flugzeug kombiniert die drei genannten technischen Prinzipien. Auch alte Erfindungen wie das Rad haben in der Natur kein Vorbild. Die Technik ist eine künstliche Umwelt, so dass die Einführung des Werkstoffs Metall und die Erfindung der Dampfmaschine kulturhistorische Einschnitte bedeutet haben. Den biologischen und seelischen Daseinsbereich beherrschen wir nicht gleichermaßen rational wie unsere Geschöpfe der anorganischen Technik.[25]

Wahrnehmung, Bewegung, Sprache:

Im zweiten Teil seines anthropologischen Hauptwerks stellt Gehlen auch einige sprachphilosophische Thesen auf, weil die Ausdrucksmöglichkeiten der Tiere an die Ausdruckssituation gebunden sind. Die Sprache selbst beweist also, dass der Mensch situationsüberlegen handelt, um in der Welt zu bestehen. Der Mensch steht mit keiner Umwelt im biologischen Gleichgewicht, sein Konkurrenzvorteil besteht in seiner Tätigkeit. Der Mensch ist plastisch, weil er sowohl seinen Körper als auch seinen Geist bewusst formen kann. Beim Kind müssen sogar die Bewegungen unfertig sein. Beim Sprechen eines Tons sind wir sowohl aktiv als auch passiv, was eine selbst empfundene Eigentätigkeit ist. Das Kind nimmt seine Bewegungen wahr, wenn es sie um eines Zwecks willen erlernt. Es ist ein weiter Weg bis zur Reproduktion einer Gestaltvorstellung. Die Entlastung befähigt uns zu motorischen Spitzenleistungen. Die Tiere haben auch durch ihre Antriebsstruktur Leistungsgrenzen. Obwohl es mehrere Wesensunterschiede zwischen Mensch und Tier gibt, ist die artspezifische Intelligenz das wichtigste Plus des Menschen. Optische Signale lösen beim Tier Reize aus, der Mensch eignet sich das Wahrgenommene selbst an. Wenn die Welt nicht kausal ist, können wir uns keine Zwecke setzen. Auch Bewegungsphantasien sind

---

[24] a. a. O., S. 381 – 404.

[25] Arnold Gehlen, Die Seele im technischen Zeitalter, Rowohlt, Reinbek bei Hamburg, 1957, S. 7 – 11.

Zwecksetzungen. Die Sprache ist nicht nur Symbol, in Interjektion und Sprachbewegung öffnet sich der Mensch nach außen.

Außerdem lebt das Tier im Jetzt. Davon entlastet sich der Mensch durch seine höheren geistigen Leistungen. Auch wir neigen wie das Tier beim Wiedererkennen eines Gegenstandes zu spezifischen Reaktionen. Vor allem die Sprache trägt zu unserer Freiheit in der Zeit bei, denn jedes Benennen ist eine Entlastung von der Unmittelbarkeit. Beim Sprechen verbinden wir aktive Bewegung und passive Wahrnehmung. An etwas Denken ist die Intention des Sprechens von etwas. Der wieder erkennende Bezug auf dasselbe erfolgt nur selten durch ein Nachahmen von Naturlauten. Der gemeinsame Sprachgebrauch ergibt sich aus der biologischen Notwendigkeit der Gruppe, welche das Glück des Einzelnen erhöht und stabilisiert. Beim Menschen können Antrieb (Impuls) und Handlung gar nicht identisch sein. Dies sieht man auch am Phänomen des Spiels, dessen phantasievolle Ausdrucksformen mit den aufgabenlosen Antrieben des Kindes zusammenhängen. Bei Spiel und Ernst hat der Mensch prinzipiell dieselben Antriebe, so kann die Aggression rein spielerisch ausgelebt werden. Das Spiel ist jedoch kein Spezifikum des Menschen, auch Tiere spielen.

Aus den Eindrücken selektieren wir einen Leiteindruck, wir abstrahieren als Sprechende beziehungsweise sprachlich Wahrnehmende immer schon. Auch in der Wahrnehmungspsychologie weist Gehlen auf die aktive Rolle des Menschen hin. Der Mensch kann sich durch das Experiment den Zweck setzen, Erfahrungen zu machen. Sprache und Bewegung bereichern sich gegenseitig, wie beim Planen und Lernen von motorischen Leistungen bemerkt. Vorsprachliche Interjektionen sind Seufzen, Stöhnen etc., welche eine primitive Sprachwurzel sind. Die Sprache ermöglicht die freie Kombination von Sachzusammenhängen, die man für das Steuern von Handlungen braucht. Die Reizoffenheit des Kindes zwingt es zur Aktivität, seine Hilflosigkeit äußert sich im Schrei. Die Sprache ist der Höhepunkt der Überwindung des Jetzt, da durch sie jede Sinneinheit reproduzierbar wird, indem jedem Sachverhalt eine Sinneinheit zugeordnet wird. Name (lautliche Seite) und Begriff (Wortinhalt) sind zwei Dimensionen des Wortes, das man nicht nur als Bedeutung analysieren darf.

Da sich nicht alles identisch wiederholt, müssen Erinnerung, neues Erleben und Erwarten flexibel zusammenarbeiten. Die Sprache setzt der Phantasie fast keine Grenzen. Ich muss etwas Abwesendes denken können, um meinen Vorsatz in die Tat umzusetzen. Das Innere und das Äußere stehen in Wechselwirkung. In Anlehnung an H. Plessner schreibt Gehlen, dass der Mensch im Gegensatz zum Tier exzentrisch ist, weil er auf Distanz zu sich selbst gehen kann. Das Innenleben ermöglicht einem eine Weltbeherrschung, die einem grob sinnlichen Wesen unerreichbar wäre. Die Innerlichkeit des unanschaulichen, lautlosen Denkens ist dem Menschen wesentlich. Die Sprache verstärkt laut Freud unbewusste Vorstellungen. Im Einzelfall ist es schwer zu sagen, ob die bildhafte Vorstellung oder der sprachliche Begriff primär war. In der Gruppe steht neben dem Selbst das sozialisierte Ich (Dieser Gedanke stammt als Unterscheidung von I und Me von Mead.).

Die Sprache ist ursprünglich, die Oberflächengrammatik, vor allem die Formen und Kategorien der Flexion waren ein Ausdrucksexperiment. Es ist eine nahe liegende Vermutung, dass sich der Urmensch mit Lautgesten und Situationsworten zu verständigen begann. Durch solche Ansichten über die Frühgeschichte wird die Vorstellung der Weltoffenheit historisiert. Der Mensch hat sich durch seine Behausung und durch seine Sprache höher gezüchtet, wenn Intelligenz und Naturbeherrschung immer schon Vorteile im Konkurrenzkampf waren. Die höhere Sprachentwicklung begann mit dem flexionslosen Mehrwortsatz. Erzählung und Feststellung sind die Urformen der Mitteilung. Durch die Anpassung des Menschen an seine Lebenswelt erklärt sich ein wiederholter Wandel der Bedeutung. Das Wort ist im phantasievollen Gebrauch schon Metapher, Bild der Seele. Der Flexibilität der Sprachschöpfer gelang es neue Begriffe wie Lunge durch Neologismen

13

wie „Blas" zu benennen. Jeder Sprachstamm (z. B. indogermanisch) verkörpert einen Sprachgeist.

Mit unseren sprachlichen Wahrnehmungen sind wir bekannt, wahr sind nur Aussagen. Am besten begreife ich, was ich auch tun kann. Die Glieder der Aussage ergänzen einander zum Sinn. Fundamentale Überzeugungen sind nicht austauschbar. Der handelnde Mensch kann nicht nur in der Gegenwart leben, aber das gestaltbare Material setzt ihm Grenzen, wenn er seine Erwartungen umsetzt.

Die Erfahrungsgewissheit ist nicht immer rational. Wir müssen nämlich handeln, auch wenn wir nicht erkennen können. Unsere praktische Überzeugung hat sich in der Erkenntnistheorie oft als unbegründbar erwiesen. Die Geschichte entscheidet, wo die Wahrheit war. Das bedeutet, dass Gehlens Menschenbild infolge der These vom Mängelwesen homo die Kulturgeschichte als ein kollektives Experiment der Lebensführung erklärt.

Eine Mitteilung ist als Appell etc. eine Handlung, die mit nonverbalen Handlungen zusammenzuhängen pflegt. Die Botschaft versetzt den weltoffenen Menschen in eine hermeneutische Situation. Die Flucht vor Zeit und Geschichte in die Natur ist ein romantischer Wunsch, der eine Sehnsucht nach instinktiver Sicherheit enthält. Ein Handelnder sollte kreativ sein. Schon die Erinnerung transzendiert das unmittelbar Gegebene. Es ist ein evolutionärer Vorteil, über Einbildungskraft zu verfügen. Wenn ich Tabakraucher spiele, übernehme ich die Rolle eines anderen. Der infantil geborene Mensch steht unter Entwicklungsdruck. Die Sehnsucht nach einem besseren Leben führte sogar zur Magie bzw. zur Flucht in die Phantasie. Diese Biologie der Poesie ist der psychoanalytischen Literaturinterpretation vergleichbar. Der phantasievolle Mensch flieht verbal oder nonverbal vor Mühe, Tod und Sorge.[26]

Aus dem eben Referierten sieht man, dass das gesellschaftliche Phänomen der Sprache in ein naturalistisches Menschenbild integriert werden kann, obwohl sich die Linguistik mit einer eigenständigen, geistigen Welt der Bedeutung befasst. Wir sprechen, weil wir als Art mit neuartigen Situationen rechnen müssen. Die Spezieseigenart der symbolischen Sprache ist nicht die Ursache, sondern die Folge des Wesens des Menschen!

Ein Zitat aus Gehlens Aufsatz über geplante Handlungen zeigt, dass die Sprache in der philosophischen Psychologie nicht isoliert gesehen werden soll: *„ Wenn sich die menschlichen empfindlichen und sensiblen Bewegungen im Umgang mit Sachen entfalten, in einem triebentlasteten und nicht notdürftigen Ausbau, so entwickeln sie ihre Bewegungsphantasie; es gibt in ihnen Abkürzungen, Wechsel der Hinsichten, Vorgriff im Sichrichten, frei wechselnde Zuordnung usw. – also Symbolik im Bewegungsvollzug. Damit ist ein variables Verhalten innerhalb derselben Umstände möglich, so gut wie dasselbe Verhalten innerhalb verschiedener Umstände, und die Bewegungen steuern und verlagern sich ebenso gut an gesehenen Daten wie an ihren eigenen Phasen: Eine Vielheit von in sich transponierbaren Bewegungsräumen mit je eigenen Erwartungen durchdringt sich mit der Vieldeutigkeit des Wahrnehmungsraumes, in dem die Dinge stets auch Aktionsanweisungen enthalten, in einer Symbolik, die selbsttätig aufgebaut wurde. In diese Vorgänge ist das Sprachleben eingebettet. Es ist selbst ebenso sehr motorisches Geschehen im Zusammenhang der Bewegungen, wie Empfindungsbestand der Umstände und Situationen. (...) Der Laut trägt die Intention auf Bewegungsvollzüge mit gleicher Vollkommenheit wie die auf Wahrnehmungsdinge."*[27]

Das Wesen des Menschen als Homo faber äußert sich demnach im bewussten Handeln, wobei auch geistige Leistungen wie die Sprache konsequent dem Bereich des Handelns zugeordnet werden.

---

[26] Arnold Gehlen, Der Mensch, Athenäum, Frankfurt am Main, 1962, S. 131 – 326.
[27] a. a. O., S. 233/234.

Seine biologistische Ästhetik verteidigte Gehlen durch den Hinweis auf den von Schelling, Novalis und Nietzsche geäußerten Gedanken, dass alle Schönheit der Kunst auf der Lebendigkeit der Natur beruhe. Er schreibt: „ *Und indem das Bild unsere Phantasie belebt und erfüllt, auch immer an sich zieht und verdichtet, so entsteht eine Kommunikation sonst ausdrucksloser und sprachloser Schichten im Menschen mit einer vor Augen stehenden Wirklichkeit.*" [28]
Auch Kunst und Religion werden zu Funktionsträgern in der Kulturanthropologie Gehlens (siehe oben).

Der Mensch wird im ersten Teil „Des Menschen" durch seinen Körper und seine Abstammung definiert, im zweiten durch seine sprachlichen Fähigkeiten von der Planung bis zur spielerischen Phantasie und im dritten durch seine Antriebe, welche man autonom kontrollieren muss, um seine Würde als Zuchtwesen zu bewahren.

4.) Moral und Hypermoral:
Gehlen hat seine Gedanken von 1940 nach dem Zweiten Weltkrieg umgearbeitet und 1969 sein Alterswerk „Moral und Hypermoral" vorgelegt. Als Anthropologe verfolgt Arnold Gehlen eine ethische Absicht, weil die menschliche Selbsterkenntnis zu Aussagen über angemessenes Verhalten führen muss. Er bekennt sich zu einem Relativismus, jedenfalls aber zu einem ethischen Pluralismus. Gegen eine universale Moral aus einem Guss spricht, dass es im Menschen mehrere sozialregulative Instanzen gibt. Außerdem gab es sittliche Neubeginne.

Als Beispiel einer solchen sittlichen Neuorientierung sind die Glückslehren der hellenistischen Philosophen zu nennen: Der Zyniker Antisthenes predigte aus radikalem Egoismus Askese anstatt des genüsslichen Mitmachens in der Polis. Der isolierte Einzelne fühlt sich als Weltbürger. Der selige Naturzustand jenseits der Geschäfte gilt als Ideal, wobei sogar das Animalische gelobt werden kann. Gehlen spricht von der verharmlosenden Anthropologie des von Natur aus guten Menschen. Der absolute Monarch gilt in der Antike als Friedensbringer. Die Neuzeit verschärft den hellenistischen Individualismus durch den Diskurs über gesellschaftliche Repression. Daneben taucht bei aufgeklärten Christen wie Kant das Felix-Culpa-Motiv der historischen Anthropologie auf. Der Stoiker Zenon betont, dass nur die Weisen für Staatsämter geeignet sind. Aus dieser Naturrechtauffassung folgen Wertkonflikte zwischen Recht und Macht. Das Großreich erfordert eine neue Ethik und Solidarität. Die Stammespflicht, die ein Vorurteil sein kann, tritt vor der stoischen Tugend zurück, die auf dem göttlichen Logos beruht. Ein Gegengedanke ist die moralische Neutralität des Kosmos. Der Mensch hat also so flexible Anlagen, dass es zu einer Umwertung der Werte kommen kann.

Was sind die angeborenen Dispositionen des Kulturwesens Mensch? Es gibt konkurrierende Moralquellen. Aufgrund der soziologischen Gesetze wird der herrschende Ethos von der herrschenden Schicht getragen. Gesellschaftliche und persönliche Krisen machen Wertkonflikte offenbar, so kann der Zivildienst als Tugend oder als Laster gelten.

Es gibt eine instinktive Aggression, die wir z. B. in der Arbeit ausleben. Die Beschwichtigungsgeste des Lächelns weist auf diese natürliche Feindseligkeit hin. Der Ethos sollte auf Gegenseitigkeit beruhen, es ist in der Natur wichtig, dass einander beide Ehepartner beistehen etc. Es ist ein Instinktansatz oder Instinktresiduum, dass wir das herzig aussehende Kind beschützen wollen. Abwesende werden durch dieses stammesgeschichtliche alte Mitgefühl nicht geschützt (Aus den Augen, aus dem Sinn.). Die Religionen hatten eine Ethisierung der menschlichen Lebenswelt durch die Prinzipien des Sollens als Ziel. Mitleid mit in Not geratenen Mitmenschen ist kein unwidersprochener Antrieb. Das Handlungswesen Mensch muss nicht helfen, wenn es Lust empfindet, die Güter allein zu konsumieren. Geht es utilitaristisch um das Glück, wird die Ethik poli-

---

[28] a. a. O., S. 326.

tisiert. Trotzdem ist der reine Egoismus dumm, denn der Mensch ist ein soziales Tier. Asketische Verzichte sind ein Grundimpuls der Philosophie, z. B. erfordert jede Forschung Disziplin. Eine Ergänzung zum Streben nach persönlichem Glück ist die allgemeine Menschenliebe, die vom Klassen- und Rassenhass verneint wird. Sie beruht auf der dauernden Kontaktbereitschaft und Erregbarkeit des natürlichen Menschen. Dem Fremden gegenüber empfinde ich nicht nur Furcht, sondern auch Neugier und Sympathie, weil es nützlich sein kann, neue Bezugspersonen zu gewinnen. Die Kultur ermöglicht, dass das Zusammengehörigkeitsgefühl erweitert und durch einen Landesvater verkörpert wird. Das Kernzeitalter macht es technisch möglich, dass unser Planet zum globalen Dorf wird.[29]

Institutionen sind kulturelle Verhaltensmuster und entlasten den Einzelnen von Entscheidungen. Sie wählen aus den biologisch möglichen Handlungen aus. Es gab mehrere Realisationen der Familie, z. B. in Abhängigkeit von der Kinderzahl. Einerseits führt soziale Unordnung zu unkontrollierter Aggression, andererseits soll die Institution den Verstand nicht knechten.

Der Staat dient der Selbsterhaltung einer Bevölkerung auf einem Territorium. Dabei befriedigt er das natürliche Bedürfnis nach Sicherheit durch sein Gewaltmonopol. Wirtschaftliche Aufgaben des Staates wie die soziale Sicherheit ergeben sich aus dem eudämonistischen Ethos. Gehlen wusste nicht, dass die Nation ein Gebot über dem der Selbsterhaltung haben sollte. Da er dachte, dass an jeder Krone Blut klebt, bleibt er in der politischen Philosophie Nihilist, obwohl eine biologistische Anthropologie eine strenge Ethik der Gruppenbeziehungen nicht ausschließt.

Das religiöse Ethos der Nächstenliebe ist psychologisch als Familienband verständlich. Universalreligionen führen zu einem gemäßigten Internationalismus, indem sie den Kultus an lokal gebundenen Gottheiten ablehnen. Die Kirche war als Einrichtung dem Staat analog. Die Sehnsucht nach einem todfreien Zustand ist schon bei den Tieren anzutreffen, die nur die gegenwärtige Lust zu schätzen wissen. Liebe und Herrschaft sind Gegensätze, so dass das biblische Christentum kein repressiver Apparat werden sollte. Die Verderbtheit der Menschennatur macht die Theokratie (Christus als König) problematisch. Der biologisch schutzlose Mensch kann angesichts seiner charakterlichen Mängel und der natürlichen Übel den Teufel für den Herrn der Welt halten.

Es ist ein Symptom der Moralhypertrophie, dass die zusammengezählte Menschheit nicht größeres außer sich anerkennt und damit zum sterblichen Gott mutiert. Wer am Kult der Menschheit teilnimmt, tut dies freiwillig. Der Wegfall der Sachzwänge der „Weltgeschichte" führt zum Post-Histoire mit seiner Bevölkerungsexplosion. Eine ethische Neuorientierung im späten 20. Jahrhundert ist durchaus denkbar! Gehlen nennt es die hypertrophen Ansprüche des Ethos des Familienmitleids, wenn das Gegengewicht der brutalen Staatsmoral wegfällt. Nach Scheler leben wir nämlich in einem Zeitalter des Ausgleichs (der Nivellierung). Biologisch sind anscheinend mehrere ethische Modelle gleichwertig. Das Fernsehen festigt die „Fernmoral", indem es uns staatsfremde Menschen in Bild und Ton vergegenwärtigt. Angesichts der Identitätsprobleme der offenen, toleranten Gesellschaft braucht man eine pluralistische Persönlichkeit. Die offene Gesellschaft zwingt den Menschen zur Betonung der privaten Subjektivität.

In konkreten Handlungen ist Gelerntes mit Instinkthaftem vermischt. Mimische Signale sind ein Instinktresiduum. Unser ererbtes Verhalten ist wie die Sprache ohne Kultur nicht funktionsfähig. Der physiologische Ethos der Arterhaltung begründet weniger Normen. Es gibt Tugenden des Kampfes und der Sanftmut. Ältere Moralvorstellungen waren eher für geschlossene Gesellschaften gedacht. Das menschliche Gewissen ist fehlbar und interpretationsbedürftig. Gehlen fragt, ob man sein Gewissen dem Erfolg opfern darf. Eine Schwäche seiner Anthropologie ist es, dass er

---

[29] Arnold Gehlen, Moral und Hypermoral, Akademische Verlagsgesellschaft Athenaion, Wiesbaden, 1981, S. 9 – 93.

der ethischen Letztbegründung durch das Naturrecht oder das Gewissen ausweicht. Ein rationaler Ethiker sollte die Natur des Menschen kennen und begründen, welche Ziele man sich setzen darf. Unsere Instinkte (Tötungshemmung) versagen laut Konrad Lorenz an Fremden, die wir nicht einmal zu Angesicht bekommen. Dem Leser könnte es scheinen, dass der Mensch eine Tötungshemmung gegenüber Artgenossen haben sollte. Obwohl der Solidaritätsinstinkt beim biologischen Mängelwesen Mensch verkümmert ist, können wir dieses Problem der Aggression gegen andersartige Mitmenschen durch unsere Lernfähigkeit kompensieren.[30]

5.) Abschließende Reflexion über Gehlens Anthropologie:
Gegen Arnold Gehlen wurden zwei Haupteinwände vorgebracht: erstens der Biologismus und zweitens der übertriebene Konservativismus. Diese Kritikpunkte betreffen die weltanschaulichen und methodischen Grundlagen von Gehlens Anthropologie. Den Biologismus kann man gelten lassen, wenn er nur den Menschen Mensch sein lässt.
Die anthropologischen Kategorien sind die unveränderlichen Voraussetzungen der menschlichen Veränderlichkeit. Mit ihnen befasst sich auch die Pädagogik als Wissenschaft von der menschlichen Bildsamkeit, so dass mein Kommentar von der generellen Bedeutung der Natur des Menschen für die Humanwissenschaften Geschichte, Linguistik und Pädagogik bestätigt ist. (siehe Seite 15) Gehlen hat in seinem Hauptwerk den Menschen erziehbar und erziehungsbedürftig genannt. Man muss sich daran erinnern, dass es ohne Erziehung keine Kultur gäbe, denn diese ist nicht angeboren. Der Mensch muss also aus biologischen Gründen zum Kulturwesen erzogen werden. Der handelnde Mensch verändert auch sich selbst. Ein biologisches Weltbild muss aus diesem Grund keineswegs rassistische und sexistische Klischees vermitteln. Der Mensch ist als Wesen der Entlastung ein Wesen der Sprache. Gehlen unterscheidet Mensch und Tier scharf, aber er weiß nicht, ob ersterer ein prinzipiell verschiedenes Lebensziel hat.
Eine genaue Bewusstseinstheorie fehlt, das Innere wird vom Äußeren hergeleitet, wobei die Bewegungen auch schon untierisch sind. Der Geist im Menschen wird nicht auf das Leben zurückgeführt. Es heißt weiters, dass der Mensch eine eigene Begrifflichkeit erfordert, da er sonst nicht adäquat beschrieben werden kann. Gehlen verteidigte seine eigentümliche Terminologie, indem er argumentierte, es sei unbiologisch, die Psyche zu ignorieren. Biologisches und Geistiges können tatsächlich wie bei Gehlen unter demselben Aspekt der Nützlichkeit gesehen werden. Das Geistige ist nicht per se zweckfrei. Es ist aus der philosophischen Anthropologie nicht wegzudenken, dass der Mensch frei handeln kann und variieren kann, was er immer wieder macht. Nicht einmal Theologisches wird durch Gehlens Anthropologie ausgeschlossen. Ich meine, dass es konsistent ist, den Menschen für ein Naturwesen zu halten und trotzdem an ein Göttliches zu glauben.
Die Handlung wird nur deshalb zum Brennpunkt der Analyse, weil sie allein empirisch zugänglich ist. Was biologisch zweckfrei scheint, hat oft kulturell eine Bedeutung. Der einzelne handelnde Mensch ist ein methodisch bedingtes Abstraktum, dessen Geist eine Korrektur von Einseitigkeiten im ursprünglichen anthropologischen System darstellt. Die Institutionen stabilisieren das entscheidungsschwache Mängelwesen Mensch. Gelegentliche Veränderungen des Zusammenlebens sind aber schon wegen des Ethos der Arterhaltung manchmal rational. Die Ableitung der Institutionen aus der Natur des Menschen ist trivial. Im Kampf gegen den Konservativismus wäre zu zeigen, dass etwas geändert werden soll. Sonst droht die Willkür einer egoistischen Ideologie, die Beliebiges Fortschritt nennt.
Als Ethiker blieb Gehlen Nihilist. Es ist nahe liegend, Familien- und Staatsmoral als Entwicklungsstufen desselben sittlichen Bewusstseins zu sehen. Das Biologismusproblem ist eine Folge

---

[30] a. a. O., S. 95 – 185, vor allem S. 165 ff. und S. 183 ff.

der für den Menschen konzipierten spezifischen Kategorien. Das Handeln definiert den Menschen aber nicht gänzlich, so dass die Kategorien empirisch revidierbar bleiben müssen. Der Konservativismus liegt letztendlich am Gedanken, die Institutionen seien ein Selbstwert, und an der mangelhaften Ethik des Empirikers Gehlen. Die anthropologischen Begriffe sind dennoch löblich, denn sie dienen der ganzheitlichen Beschreibung des unikal Menschlichen. Auch sollte die philosophische Anthropologie eine Synthese einiger empirischer Disziplinen sein. Die psycho-physische Einheit galt es in concreto zu zeigen.

Ein Beispiel für eine fundamentale Kategorie ist die Entlastung, welche nur durch prozesshaftes Denken nachvollzogen wird. Produktive Entlastung ist Weltbewältigung. Handlung und Erkenntnis müssen dieselbe Wurzel haben, wenn die ganzheitliche Beschreibung des Menschen sinnvoll ist. Auch andere Kategorien wie Führung und Intention beziehen sich auf Leib und Seele. In der Kulturanthropologie ist das Sichversetzen in den anderen eine Grundkategorie. Die vollständige Erfassung der geistigen Schicht des Menschen ist eine Aufgabe, die eine sehr metaphysisch angehauchte Debatte über Geist und Bewusstsein involvieren muss. Dies gelang Gehlen nicht.[31]

Aus der Debatte über Fundamentaleinwände gegen die anthropologischen Theorien Gehlens ziehe ich die Schlussfolgerung, dass sich Gehlen auf den Gebieten der philosophischen Psychologie und der Philosophie der Biologie bewährt hat, während er als Ethiker und Metaphysiker nichts begründen konnte. Ich will im folgenden zeigen, dass dem biologisch offenen Mängelwesen Mensch eine humanitäre Ethik und eine offene Gesellschaft zumutbar sind. Meine Kritikmethode heißt Selbstanwendung. Wenn man anerkennt, dass der Mensch eine Einheit von Körper, Geist und Seele ist, und ebenso, dass er ein wehrloses Tier mit wenigen Instinkten ist, ergibt sich daraus keineswegs, dass der brutale Gruppenchauvinismus rational ist. Wenn der Mensch die Umwelt verändern darf, in der er lebt, darf er auch die Produktionsweise verändern, um sein Glück zu steigern. Der Konservativismus widerspricht dem Wesen eines lernbereiten Handlungswesens, wenn es nichts zu erhalten gibt. Wenn ein politisches System schlechte Früchte getragen hat, gehört es geändert. Die von der Gesellschaft vermittelten quasiautomatischen Verhaltensweisen dürfen nicht gegen Kritik immunisiert werden, wenn es gangbare Alternativen gibt.

Wenn wir unsere Art erhalten und eine freundliche Behandlung durch unsere Mitmenschen erlangen wollen, sind wir dazu gezwungen, elementare ethische Regeln zu beachten. Gehlens Anthropologie macht den Nihilismus fragwürdig, weil sie nicht zeigt, dass er aus der Vernunft oder der Natur folgt. So wie der Individualpsychologe Alfred Adler glaubte der Anthropologe, dass die Kompensation organischer Minderwertigkeit ein wichtiger Faktor im menschlichen Leben ist. Wenn die offensichtliche Mangelhaftigkeit, z. B. Schwäche, kompensiert werden kann, wirkt die biologistische Begründung von Überlegenheit aber fragwürdig. Es handelt sich um die Wertungsfrage, ob nicht manchmal der intellektuell geringer Ausgestattete durch seine kompensatorischen Bemühungen dem Intelligenteren überlegen ist. Im Sinne des Tierschutzes ist einzuwenden, dass auch das Tier schon auf seine Weise vollkommen ist. Es ist seiner Umwelt perfekt angepasst, so dass der Hai das Ziel der langfristigen Arterhaltung gleich gut erreicht wie der Mensch.

Der Mensch hat seine Überlegenheit durch die behutsame Veränderung seiner Umwelt zu beweisen. Aus der modernen Evolutionsbiologie folgt, dass es unsere Pflicht ist, nachhaltig zu wirtschaften. Was den Tieren instinktiv als Tötungshemmung gegeben ist, müssen wir als Handlungswesen im Sinne Gehlens unseren Nachfahren vermitteln, um unser humanitäres Ethos und die mit diesem verbundene Sicherheit zu verewigen. Durch diese Selbstanwendung der anthropologischen These vom Mängelwesen Mensch habe ich gezeigt, dass die biologische Begründung

---

[31] Vergleiche: Peter Jansen, Arnold Gehlen, Bouvier Verlag Herbert Grundmann, Bonn, 1975, S. 1 – 40 sowie S. 60 – 64.

von reaktionären Tendenzen ein Schwindel war. Wenn der Mensch von Natur aus ein Kulturwesen ist, ist die Frauenemanzipation gleich natürlich wie die traditionellen Geschlechterrollen.
Die anthropologischen Konstanten sind ein wichtiger Denkansatz für alle, die sich fragen, was verändert und verbessert werden *kann*.
Den Biologismus habe ich nicht scharf kritisiert, weil mir scheint, dass man Naturalist sein soll. Wenn ich dem Menschen eine eigene Welt zugestehe, widerspreche ich den Sachzwängen des Stoffwechsels mit der Umwelt. Das Subjekt und seine Symbole als Fremdlinge in einer unbeseelten Welt zu sehen, ist keine philosophische Tugend. Es vermindert die Würde des Geistes nicht, dass er eine biologische Funktion erfüllt. Es gehört zum Wesen der Sprache, dass ihre bedeutsamen Symbole physikalisch messbare Signale sind. Was die Frage des Zusammenhangs von Körper, Geist und Seele betrifft, war Gehlen ein besserer Systematiker als sein Vorgänger Ludwig Klages. Dessen kulturpessimistische These, dass der Geist ein Widersacher der Seele sei, der alles Lebendige zum bloßen Objekt mache, geht nämlich am Geistproblem vorbei.[32]
Ein Philosoph sollte das Geistproblem metaphysisch untersuchen, ohne Begriffslyrik über ungelöste Probleme zu schreiben. Wenn er Materialist ist, darf er nicht glauben, dass die Reduzierbarkeit der höheren Leistungen des Menschen auf den Stoff eine Eigengesetzlichkeit des Seelischen und Geistigen ausschließt. Dieses eine sichtbare Universum soll dem Idealisten wunderbar genug sein.
Die gegenseitige Bedingtheit der Phänomene des Humanen ist in erster Linie eine einzelwissenschaftliche Fragestellung. Dennoch ist sie ein Teil aller möglichen Antworten auf die klassische Frage „Was ist der Mensch?".
Die anthropologische Forschung nach dem Wesen des Menschen macht viele Antworten auf Fragen nach den Möglichkeiten des Individuums und seiner Kultur möglich. Dabei ist das Biologische eine selbstverständliche Rahmenbedingung für die kreativste Spezies dieses Planeten. Erkenntnistheorie, Ethik und Naturphilosophie sind aber notwendig, damit die philosophische Anthropologie sinnvoll wird! Meine Gehlenkritik war als Plädoyer für eine humanistische und skeptische Lehre vom Menschen gedacht.

---

[32] Peter Kunzmann u. a., dtv-Atlas zur Philosophie, Deutscher Taschenbuchverlag, München, 1993, S. 191.

19

Literaturverzeichnis:
Charles Darwin, Die Entstehung der Arten, Reclam, Stuttgart, 2001;
Arnold Gehlen, Anthropologische Forschung, Rowohlt, Reinbek bei Hamburg, 1961;
Arnold Gehlen, Der Mensch – seine Natur und seine Stellung in der Welt, Athenäum, Frankfurt am Main, 1962;
Arnold Gehlen, Moral und Hypermoral, Akademische Verlagsgesellschaft Athenaion, Wiesbaden, 1981;
Arnold Gehlen, Die Seele im technischen Zeitalter, Rowohlt, Reinbek bei Hamburg, 1957;
Peter Jansen, Arnold Gehlen, Bouvier Verlag Herbert Grundmann, Bonn, 1975;
Peter Kunzmann, dtv-Atlas zur Philosophie, Deutscher Taschenbuch Verlag, München, 1993;
Jean Piaget, Erkenntnistheorie der Wissenschaften vom Menschen, Ullstein, Frankfurt am Main, 1972;
Helmut Seiffert, Einführung in die Wissenschaftstheorie 3, Verlag C. H. Beck, München, 2001;